LES MALICES

DE

POLICHINELLE

PARADE

PAR

E. PINARD ET A. RICAUVERT

Représentée pour la première fois
à Paris
sur le théâtre de Guignol

PARIS

WATILLIAUX, ÉDITEUR

LES MALICES

DE

POLICHINELLE

PARIS. — IMPRIMERIE E. MARTINET, RUE MIGNON, 2.

LES MALICES

DE

POLICHINELLE

PARADE

PAR

E. PINARD ET A. RICAUVERT

Représentée pour la première fois
à Paris
sur le théâtre de Guignol

PARIS

WATILLIAUX, ÉDITEUR

PERSONNAGES

Troupe de théâtre :

POLICHINELLE.
PIERROT.
BOBÈCHE.
PAILLASSE.
CASSANDRE.
COLOMBINE.
ARLEQUIN, personnage muet.

—

LE COMMISSAIRE.
LE GENDARME.
LA MÈRE MICHEL.
L'ASTROLOGUE.
LE DIABLE.
Le chat de la mère Michel.

LES MALICES

DE

POLICHINELLE

SCÈNE PREMIÈRE

PIERROT et POLICHINELLE sont attablés devant un pâté.
une bouteille et des verres

POLICHINELLE

Que voilà donc un pâté délectable, Pierrot! Qui
dirait que c'est le chat de la mère Michel qui en a
fait les frais? Parbleu! je m'en lèche les doigts; avec
un cuisinier comme toi, lapin de garenne, lapin de
gouttière, c'est, ma foi, tout un.

PIERROT

Trêve de compliments, camarade; aussi bien ne
suis-je pas fâché moi-même de sentir de temps en
temps, et surtout de manger sans aucune feinte un
vrai pâté, au lieu de faire des simagrées devant ces
pâtés de carton que ce vieux ladre de Cassandre,
notre maître, nous met devant le nez pendant les
représentations.

POLICHINELLE

Celui-ci n'est pas en carton, tu peux en être sûr, et je connais des gaillards qui auraient bien voulu en avoir leur part.

PIERROT

C'est vrai, comment as-tu fait pour éloigner Paillasse, Bobèche et Arlequin, avec qui nous aurions été obligés de partager notre festin ?

POLICHINELLE

Je vais te l'apprendre. Parlons d'abord d'Arlequin : tu sais qu'il courtise Colombine, la fille de Cassandre, et qu'il a l'espoir de l'épouser. Aussitôt qu'il a un loisir, vite le voilà parti, soit cueillir un bouquet dans le champ voisin, soit dénicher des oiseaux pour sa Dulcinée. Je n'ai donc pas eu à m'en occuper. Quant à Bobèche, tu connais sa passion pour la pêche ?

PIERROT

Sans compter qu'il n'a pas tort : une belle pêche de Montreuil n'est pas à dédaigner.

POLICHINELLE

Gros malin, va ! ce n'est pas de cette pêche-là que je te parle, mais de la pêche à la ligne.

PIERROT

Aussi, pourquoi le même mot exprime-t-il deux

choses si différentes? Si jamais je suis de l'Académie, je verrai à faire changer cela.

POLICHINELLE

Écoute-moi donc, bavard! Je te disais donc que je n'avais pas eu de mal à persuader à Bobèche que le temps était très favorable à la pêche aux grenouilles, et il est parti incontinent. Restait Paillasse.

PIERROT

Oh! celui-là n'est pas si bête.

POLICHINELLE

C'est vrai, d'autant plus qu'il avait remarqué les préparatifs du festin, mais j'ai encore plus d'une malice dans mon sac; tu vas en juger. Je m'approche donc de lui et lui dis : « Paillasse, mon ami, ma goutte fait des siennes ce matin, je suis incapable de mettre un pied devant l'autre, et j'ai justement besoin d'aller chez l'apothicaire chercher une bouteille d'eau de Vichy pour mon estomac, qui est quelque peu dérangé; tu serais un bon diable de me l'aller chercher, et, pour que tu ne manges pas la consigne en route, je vais t'écrire sur un chiffon de papier ce que tu as à me rapporter. »

PIERROT

Et tu as écrit sur le papier...

POLICHINELLE

Une bouteille de limonade purgative. Il ne sait

pas lire, comme tu sais ; il a pris sans sourciller mon papier, et à son retour il sera si furieux de voir que nous ne l'avons pas attendu pour festoyer, qu'il se vengera sur la bouteille, et gare les suites !

PIERROT

Polichinelle, tu es un grand homme.

POLICHINELLE

A mon tour de te dire : Trêve de compliments ; d'ailleurs, maintenant que le pâté a disparu dans notre estomac, il s'agit de détaler prestement, car nos gaillards ne tarderont pas à revenir. (*Ils sortent en emportant la table.*)

SCÈNE II

PAILLASSE, *arrivant avec sa bouteille*

Tiens ! tiens ! pas de pâté ! pas de table ! pas de Pierrot ! pas de Polichinelle ! Est-ce que je serais joué, par hasard ! S'il en est ainsi, gare ma vengeance ! Polichinelle ; tu as oublié que je savais où tu t'étais procuré un lapin pour ton pâté ; il va t'en cuire de t'être moqué d'un camarade. Je cours chez le commissaire faire ma déposition et donner ton signalement ; puis, à l'exemple du bouillant Achille, ce héros grec que vous connaissez sans doute, je me retirerai sous ma tente pour dévorer mon ressentiment et le contenu de ma bouteille, puisque c'est le seul régal que je puisse m'offrir. Si l'eau de Vichy repose les estomacs fatigués, elle doit faire un bien immense à ceux qui ne le sont pas. (*Il sort.*)

SCÈNE III

BOBÈCHE, puis LE COMMISSAIRE et LE GENDARME

BOBÈCHE, *s'adressant au public*

Salut, messieurs, mesdames et la compagnie. Me voilà revenu de la pêche aux grenouilles. Ah! la bonne idée qu'a eue là Polichinelle! Je me suis amusé, mais là... bien amusé. Voyez-vous, nous autres artistes, nous avons besoin de faire de temps en temps un petit tour pour remettre du calme dans nos âmes, et pour puiser des inspirations dans la contemplation de la belle nature. Par exemple, à la barrière, en rentrant, si je n'avais pour principe d'être calme en toute circonstance, je me serais fâché, ce qui eût été fâcheux, pas vrai? Je demande au commis de l'octroi si les grenouilles payent l'entrée? « Monsieur, me répond-il, les grenouilles ne payent pas de droits, les crapauds non plus : vous pouvez passer. » N'est-ce pas qu'il y avait dans sa réponse une intention malicieuse? Aussi, pour lui rendre la monnaie de sa pièce, je lui dis : « Je passe aussi du vin sur moi, et le vin paye : faites-moi donc payer. — Non, monsieur, répond le commis en ricanant, le vin en cruche ne paye pas. » Oh! pour lors, je me dis : Bobèche, mon ami, tu as perdu là une belle occasion de te taire, et tu n'as plus qu'à filer. C'est ce que j'ai fait. Seulement, je suis fatigué et, en attendant la représentation, je vais faire un petit somme. (*Il se couche sur le bord du théâtre.*)

LE COMMISSAIRE *entrant, suivi du gendarme et secouant Bobèche qui s'est endormi*

Holà! Hé, l'ami!

BOBÈCHE

Hein!... Qu'est-ce que c'est?

LE COMMISSAIRE

N'est-ce pas ici le théâtre de M. Cassandre?

BOBÈCHE

Oui, mon ambassadeur, c'est bien ici, et même j'ai l'honneur de faire partie de la troupe.

LE GENDARME

Subséquemment, il n'y a pas d'ambassadeur ici, particulier que vous êtes; il n'y a que monsieur le commissaire et moi.

BOBÈCHE

C'est bon, mon brigadier, suffit de s'entendre; seulement, à votre tour, vous pourriez bien m'appeler artiste dramatique.

LE COMMISSAIRE

Eh mais! voilà peut-être, sans aller plus loin,

l'homme que nous cherchons. Gendarme, lisez-moi le signalement qui nous a été donné.

LE GENDARME

Voilà, mon supérieur. (*Lisant.*) Taille moyenne, front moyen, sourcils moyens.

LE COMMISSAIRE

C'est bien ça.

LE GENDARME, *continuant*

Yeux moyens, cheveux moyens. (*Se reprenant.*) Non, cheveux frisés.

BOBÈCHE

Ah ! par exemple, c'est la première fois que j'entends dire que j'ai des cheveux frisés. Quand j'étais petit, ma mère me disait toujours : « Fructueux, mon fils » (Fructueux, c'est mon vrai nom ; Bobèche, c'est mon nom de guerre, mon nom de théâtre pour le public), donc, elle me disait : « Fructueux, mon fils, c'est pas des cheveux que tu as sur la tête, c'est des saules pleureurs. »

LE GENDARME

Pas d'observations ! vous avez les cheveux frisés, que vous dit le signalement. (*Reprenant.*) Cheveux frisés, bouche très grande, nez aquilin.

BOBÈCHE

Si l'on peut dire que je suis né à Quilin ! Je croyais

que j'étais né à Pouilly-les-Dindons. Après tout, j'étais si jeune ce jour-là que je ne m'en souviens plus au juste.

LE GENDARME

Que vous allez vous taire, j'imagine? (*Reprenant.*) Nez aquilin. Le nez, là, comprenez-vous, à la fin des fins?

BOBÈCHE

Ah! mais, il me flatte alors votre papier; moi qui m'étais toujours figuré que je devais avoir le nez diablement en trompette, parce que, quand il tombe de l'eau, la moindre des choses que je regarde en l'air, il pleut dedans.

LE GENDARME

Si vous continuez ces balivernes intempestives, je vous mets à l'ombre immédiatement dans un endroit où il ne pleut pas. (*Reprenant.*) Barbe néant, menton pointu, visage en lame de rasoir, teint animé; signes particuliers : physionomie intelligente.

LE COMMISSAIRE

Peuh! Ça ne tombe pas tout à fait juste, mais nous avons affaire à un comédien; il se donne probablement l'air bête pour nous induire en erreur. Gendarme, emmenez cet homme en prison.

BOBÈCHE

Quoi! vous m'arrêtez! mais qu'est-ce que j'ai fait,

mon Dieu? C'est-y pour les grenouilles? mais je vais vous les donner, monsieur le commissaire. Elles sont bien belles. Je ne savais pas que la pêche était défendue en ce moment.

LE COMMISSAIRE

Qui vous parle de grenouilles? Vous êtes accusé d'avoir volé un chat à une dame de la localité.

BOBÈCHE

Si c'est possible de m'accuser d'une chose pareille, moi qui n'ai jamais fait de tort à une mouche?

LE COMMISSAIRE

C'est bon, c'est bon, vous vous expliquerez devant le tribunal. Gendarme, exécutez mes ordres. (*Le gendarme emmène Bobèche; le commissaire les suit.*)

SCÈNE IV

L'ASTROLOGUE, puis LA MÈRE MICHEL

L'ASTROLOGUE

Personne sur cette place : j'y serai tranquille pour voir l'éclipse qui doit avoir lieu aujourd'hui. Prenons donc place et observons.

LA MÈRE MICHEL, *se plaçant devant lui*

Monsieur l'astrologue! (*Plus fort.*) Monsieur l'astrologue!

L'ASTROLOGUE, *absorbé dans sa contemplation*

Saperlipopette! voilà un nuage qui passe devant mes yeux et qui va m'empêcher de voir.

LA MÈRE MICHEL

Hé! monsieur Parafaragaramus!

L'ASTROLOGUE

Qui vient donc me déranger? Tiens! c'est madame Michel. Et moi qui vous prenais pour un nuage! Que voulez-vous donc, chère voisine?

LA MÈRE MICHEL

Hélas! monsieur l'astrologue, j'ai perdu mon chat. Mistigri, mon pauvre Mistigri a disparu. Il m'a été ravi, volé, j'en suis sûre. Et qui sait ce qu'il est devenu entre des mains cruelles? J'en frémis d'effroi. Monsieur l'astrologue, je vous en supplie, vous qui savez tout, dites-moi s'il est vivant, si je le reverrai, sans lui, voyez-vous, je mourrai de chagrin.

L'ASTROLOGUE

Allons! allons! calmez-vous, chère madame Michel. Comme vous êtes une bonne voisine, je veux bien faire quelque chose pour vous. Ne bougez plus. (*Il regarde le ciel et s'écrie avec emphase :*) Oh! Ah! Chatorum, chatoribus, videndo venientibus! Rassurez-vous, votre chat n'est pas mort.

LA MÈRE MICHEL

Oh! quel bonheur! il vit, mon pauvre Mistigri!

Grand merci, monsieur l'astrologue ; mais comment
le retrouver ?

L'ASTROLOGUE

Je vais vous donner la recette d'un ragoût dont le
fumet le fera revenir de dix lieues à la ronde ; écou-
tez bien : prenez trois plumes de l'aile gauche d'un
merle blanc, deux dents de poule, une oreille de
poisson, ajoutez-y une once de patience et une bonne
dose d'espérance ; faites chauffer le tout sur un rayon
de soleil, en disant trois fois : « Chiribiribi, choro-
borobo, Troscorococo, cro » ; et votre chat revien-
dra ou je me trompe fort.

LA MÈRE MICHEL

Merci, mille fois merci, monsieur l'astrologue, je
vais mettre tout ça dans la marmite. (*Elle sort ;
l'astrologue se remet à regarder le ciel.*)

SCÈNE V

L'ASTROLOGUE, PIERROT

PIERROT

Tiens ! un astrologue ! Oh ! la bonne tête et le
drôle de chapeau ! En voilà une idée cocasse d'avoir
toujours le nez en l'air, et pour quoi faire ? je vous
le demande ! Dites donc, monsieur l'astrologue, sa-
vez-vous seulement la ressemblance qu'il y a entre
le soleil et le déluge ?

L'ASTROLOGUE

Que veut dire cet Olibrius? Au large, monsieur Pierrot! retournez à votre théâtre et laissez-moi en paix.

PIERROT

Hein! quand je vous le disais. Eh bien! le soleil et le déluge sont tous deux les plus grands désastres connus. Peut-être connaissez-vous mieux la différence qu'il y a entre un orfèvre et vous, illustre astrologue? Non? Eh bien! c'est que vous avez découvert des planètes et que l'orfèvre a des couverts d'argent.

L'ASTROLOGUE

Ah! pendard! ah! coquin! je crois que tu te moques de moi; je vais te corriger d'importance. (*Il court après Pierrot qui se sauve; tous deux sortent.*)

SCÈNE VI

CASSANDRE, puis PAILLASSE

CASSANDRE, *seul*

Allons! allons! messieurs mes acteurs, il est temps de s'apprêter pour la représentation. Où donc sont-ils? (*Appelant.*) Paillasse! Polichinelle! Arlequin! Bobèche! Pierrot! Colombine!
(*Tous traversent la scène, à l'exception de Polichinelle et de Bobèche, et répondent :*)

Nous voilà, patron, nous voilà !

CASSANDRE *arrêtant Paillasse au passage*

A ton tour, Paillasse, de faire un bout de parade au public, qui frissonne d'impatience. (*Il sort.*)

PAILLASSE, *seul*

C'est toujours mon tour, maintenant. Comme c'est amusant! D'autant plus que je ne suis pas très à mon aise. On dirait que j'ai des inquiétudes dans les entrailles. J'ai pourtant bu toute la bouteille d'eau de Vichy, et ça devrait m'avoir fait du bien. Enfin, puisqu'il le faut, le devoir est le devoir. (*Il s'adresse au public.*) Bonjour, messieurs, mesdames, grands enfants, petits enfants et militaires. C'est aujourd'hui la grande représentation des représentations... (*S'arrêtant.*) Oh! la! oh! la! la! Qu'est-ce qui me tortille donc comme ça dans mon intérieur? (*Continuant.*) Oui, messieurs, mesdames et la compagnie, vous allez voir ce que vous allez voir, et vous allez voir que ce que vous allez voir vaut bien la peine de l'aller voir. Nous autres artistes, nous aurions pu vivre de nos rentes comme tant d'autres, mais l'amour de l'art nous a tout fait quitter... (*S'arrêtant.*) Oh! la! la! que ça me tortille! (*Continuant.*) Et si nous sommes ici, c'est parce que... (*S'arrêtant.*) L'orage gronde. Oh! la! la! je n'y tiens plus. (*Il se sauve.*)

SCÈNE VII

LE CHAT, POLICHINELLE

Le chat vient se placer sur le devant de la scène

POLICHINELLE, *accourant*

Je crois que je suis un peu en retard ; le patron doit nous avoir déjà appelés. Allons vite nous préparer pour la représentation. (*Voyant le chat.*) Ah bah ! ai-je la berlue ? Mais non, c'est bien lui ! Ah ! par exemple, je croyais pourtant l'avoir mangé. Approchons encore. Que le diable m'emporte si ce n'est pas là le chat de la mère Michel !

LE DIABLE *apparaît et emporte Polichinelle*

SCÈNE VIII

LE CHAT, PIERROT, ARLEQUIN

Pendant cette scène. Arlequin exprime par ses gestes sa satisfaction de voir la surprise de Pierrot

PIERROT, *apercevant le chat*

Est-il possible ? j'ai fricassé et mangé le chat et il reparaît ! Je rêve sans doute, ou bien je suis fou. Courons vite chercher Polichinelle et lui demander l'explication de ce mystère. (*Il sort.*)

SCÈNE IX

LE CHAT, CASSANDRE, COLOMBINE, ARLEQUIN

CASSANDRE, *apercevant le chat*

Tiens! le chat de la mère Michel; qu'est-ce qu'il fait là?

COLOMBINE

Mon père, ne me grondez pas, c'est moi qui l'ai apporté ici pour le soustraire à la fricassée.

CASSANDRE

A la fricassée? Qu'est-ce que tu me contes là?

COLOMBINE

C'est la vérité, mon père : imaginez-vous que ce vilain Polichinelle voulait le tuer pour en faire un pâté. Je l'ai entendu qui tramait ce complot avec Pierrot. Déjà la pauvre bête était dans le sac de Polichinelle, mais je l'en ai tirée furtivement en lui substituant un lapin qu'Arlequin avait gagné à la foire au pain d'épices, et qu'il venait de m'offrir. N'ai-je pas bien fait, mon père?

CASSANDRE

Oui, Colombine; dans mes bras, ma fille adorée, soleil de mon existence, parfum de mes rêves, étoile de mon firmament; tu as un cœur d'or, et, puisque Arlequin ne te déplaît pas, je t'accorde sa main, c'est-à-dire, non, je me trompe, je lui accorde ta main. Embrassons-nous, mon gendre. (*Cassandre et Arlequin s'embrassent.*)

SCÈNE X

LES MÊMES, POLICHINELLE

POLICHINELLE, *arrivant essoufflé*

Ouf! je n'en puis plus. J'ai bien cru que je ne vous reverrais jamais... Figurez-vous que ce satané Satan m'avait bel et bien emporté pour me faire rôtir dans sa grande poêle à frire, et je n'étais pas rassuré du tout.

CASSANDRE

Tu n'aurais eu pourtant que ce que tu mérites, sacripant. Et comment as-tu pu lui échapper?

POLICHINELLE

Ah! je dois mon salut au plus grand des hasards. Je ne savais à quelle ruse avoir recours, lorsque nous sommes passés près du ballon captif. Au moment où le ballon commençait à s'élever dans les airs, une personne qui se trouvait dans la nacelle s'écria : « Que le diable m'emporte si je retourne jamais là-dedans! » Aussitôt, voilà le diable qui m'attache à une grille en fer et saute dans la nacelle pour y saisir une nouvelle victime; mais dans sa précipitation il m'avait mal attaché; en un instant me voilà libre, d'un bond je suis sous la nacelle, j'ouvre mon couteau, et crac! je coupe le câble qui retenait le ballon à la terre. Proust!... le ballon s'élance à perte de vue en emportant le diable. Moi, je prends mes jambes à mon cou, et me voilà.

CASSANDRE

De sorte que le diable est en train de monter au ciel; il va y être bien reçu! Je t'engage, Polichinelle, à ne plus retomber sous sa griffe, car il te ferait payer cher le tour que tu viens de lui jouer.

POLICHINELLE

Soyez tranquille, patron, je vais m'arranger pour ne plus revoir sa vilaine figure; j'ai eu bien trop peur.

SCÈNE XI

LES MÊMES, LA MÈRE MICHEL, puis BOBÈCHE

LA MÈRE MICHEL, *apercevant son chat*

Ciel! que vois-je? Mon chat! Suis-je bien éveillée? Monsieur Polichinelle, pincez-moi, je vous en prie, pour que je sois bien sûre de ne pas rêver.

POLICHINELLE

Oh! pour ça non, ma brave femme; malgré la pureté de mes intentions, ça n'aurait qu'à ne pas plaire à certain personnage cornu de ma connaissance... Merci, je sors d'en prendre. C'est bien votre chat, vous pouvez m'en croire, quoique je sois aussi surpris que vous de le voir encore vivant.

LA MÈRE MICHEL

Mais oui, en effet, ce n'est pas un rêve : c'est bien mon pauvre Mistigri en chair et en os que je retrouve, et il n'a seulement pas l'air de me reconnaître, l'ingrat. C'est égal, je suis si heureuse que je n'ai pas le courage de le gronder. Vite, emportons-le, et rentrons au logis pour y jouir en toute liberté de notre bonheur. (*Elle sort en emportant son chat.*)

BOBÈCHE, *arrivant en courant*

Ah! mes amis, je vous revois enfin!

CASSANDRE

Eh bien, quoi! mon garçon, est-ce qu'il te serait arrivé aussi une aventure?

BOBÈCHE

Ne m'en parlez pas, patron. Je sors de prison, où j'avais été mis bien injustement, vous pouvez m'en croire. J'étais accusé d'avoir volé un chat. On me conduit donc devant le tribunal, et le juge me demande si j'avais à invoquer un ali... un habit... Mon Dieu, de quel drôle de mot s'est-il donc servi? Un habit gris, je crois bien.

CASSANDRE

Un alibi, veux-tu dire?

BOBÈCHE

C'est bien ça, patron; je ne comprenais pas très bien, mais on m'explique ce que c'était et l'on me demande si je pouvais citer quelqu'un qui m'eût rencontré au moment où ce vol du chat avait été commis. Je parle alors de l'employé de l'octroi qui s'était un peu amusé de moi, à mon retour de la pêche aux grenouilles, et on l'appelle en témoignage. Eh bien! il a été très gentil, ce garçon. Le juge lui demande s'il me croyait coupable du délit dont on m'accusait. « Non, monsieur le juge, a-t-il répondu, ma conviction est qu'il n'est pas coupable, car il est plus bête que méchant. » On m'a immédiatement mis en liberté.

CASSANDRE

Bravo! Bobèche; tu n'as pas inventé la poudre, mais tu es un brave garçon, et je suis enchanté que ton aventure n'ait pas eu de suites plus fâcheuses. Je parierais que c'est encore ce vaurien de Polichinelle qui est cause de ton arrestation.

PAILLASSE, *entrant*

Qui parle de Polichinelle, ce scélérat qui a voulu m'empoisonner en m'envoyant chercher chez le pharmacien une drogue infernale? Si vous saviez comme j'ai été malade ! j'ai bien cru que j'allais trépasser.

CASSANDRE

Cela te rendra un peu moins gourmand à l'avenir, mon garçon. Quant à Polichinelle, il me paraît avoir pris de bonnes résolutions ; j'aime à croire qu'il les tiendra et qu'il ne jouera plus de mauvais tours à ses camarades. S'il en est autrement, c'est moi-même qui le prendrai par l'oreille et le mènerai au diable. Allons, mes enfants, ne nous attardons pas davantage aux bagatelles de la porte ; maintenant que nous sommes au complet, commençons vivement la représentation. (*S'adressant au public.*) Mesdames et messieurs, nous allons avoir l'honneur de représenter devant vous une des plus jolies pièces de notre répertoire. D'illustres auteurs l'ont écrite exprès pour nous et je ne doute pas que vous lui fassiez l'accueil qu'elle mérite. Dans tous les pays que nous avons parcourus, les têtes les plus couronnées n'ont pas dédaigné de s'asseoir devant nous et d'encourager nos travaux. Oui, messieurs, sans parler de Sa Majesté Paparigolopoulos Ier, roi de Macaraunie, nous avons eu l'insigne honneur d'être applaudis par le prince Kadéjoujou, héritier présomptif de la couronne d'Hololulu, par l'illustre Kaper-Dul-Aboul, pacha à je ne sais plus combien de queues, enfin par la très puissante reine Pomadée et par sa fille, la gracieuse princesse Félapopotte. Entrez! entrez! mesdames et messieurs, il y a déjà dans la vaste enceinte du théâtre une foule aussi nombreuse que choisie, qui attend avec trépignements le lever du rideau. Entrez! prenez vos billets! dans quelques instants l'on va commencer! En avant la musique!

Le rideau tombe

FIN

DU MÊME ÉDITEUR

COLLECTION D'AUTRES PETITES PIÈCES POUR THÉATRES D'ENFANTS

Pièces déjà parues :

Florine, ou la Clef d'or

Le Talisman de Rosette

Les Méfaits de l'ami Grognard

Le Mariage d'Arlequin

Règles de tous les jeux.

Le Passe-Temps, Recueil de patiences.

Le Jeu du Solitaire, Exemples entre mille par un Amateur.

Jeux de Société et de Salon.

Jeux instructifs et amusants.

Jouets en cartonnage.

Théâtres pliants en boîtes.

L'Anagramme, ou le Jeu des lettres.

Questions et récréations diverses, etc.

PARIS. — IMPRIMERIE E. MARTINET, RUE MIGNON, 2.

PARIS. — IMPRIMERIE E. MARTINET, RUE MIGNON, 2.